VILLE D'AURAY

RÈGLEMENT

SUR LA

POLICE DES CIMETIÈRES

LES

Inhumations et Exhumations

1922

*Ce projet a été approuvé
par le Conseil municipal
le 23 Décembre 1922.*

VANNES

IMPRIMERIE OUVRIÈRE VANNETAISE

1923

VILLE D'AURAY

RÈGLEMENT

SUR LA

POLICE DES CIMETIÈRES

LES

Inhumations et Exhumations

1922

Ce projet a été approuvé par le Conseil municipal le 23 Décembre 1922.

VANNES

IMPRIMERIE OUVRIÈRE VANNETAISE

1923

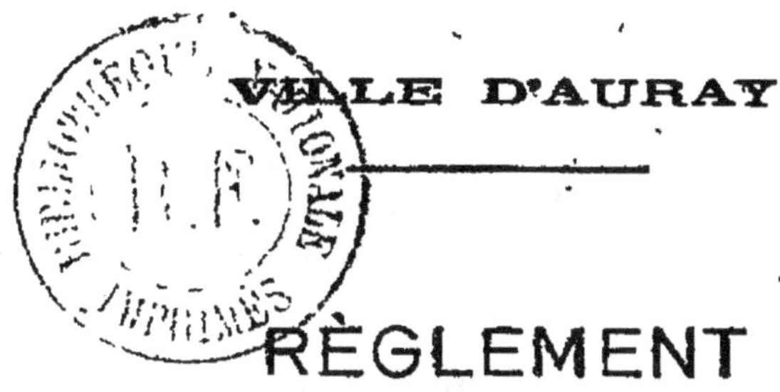

VILLE D'AURAY

RÈGLEMENT

SUR LA

Police des Cimetières

LES

Inhumations et Exhumations

Nous, Maire de la Ville d'Auray,

Vu le décret du 23 Prairial, an XII, et l'Ordonnance Royale du 6 décembre 1843 ;

Vu l'article 97, paragraphe 4, de la loi du 5 avril 1884 ;

Vu l'arrêté du Maire d'Auray en date du 1er octobre 1919 ;

Vu les délibérations du Conseil municipal en date des 28 août 1891, 7 décembre 1920, 30 décembre 1921, 5 septembre, 21 octobre et 23 décembre 1922,

Arrêtons :

TITRE I

Mesures d'ordre — Surveillance et entretien

Art. 1er. — Un concierge (garde ou fossoyeur) est préposé à la surveillance et à l'entretien de chaque cimetière. Il pourra être assermenté.

Art. 2. — Le gardien est tenu d'entretenir en bon état permanent de propreté tout le cimetière. Il devra, à cet effet, non seulement nettoyer fréquemment les grandes et petites allées et les ensabler quand besoin sera, mais encore arracher toutes les végétations qui pourraient surgir au pied des murs et sur les murs.

Il devra également tenir dans un état de propreté les tombes abandonnées, c'est-à-dire en arracher les ronces, orties et végétations analogues.

L'administration se réserve le droit, sans préjudice de toute autre mesure disciplinaire, au cas où le gardien ne remplirait pas ses obligations, de faire nettoyer ledit cimetière aux frais dudit gardien.

Art. 3. — Les cimetières seront ouverts : en juin et juillet, de 6 h. du matin à 8 h. du soir ; en avril, mai, août et septembre, de 6 h. du matin à 7 h. du soir ; du 1er octobre au 31 mars, de 7 h. du matin à 5 h. du soir.

L'heure de fermeture sera annoncée par un coup de cloche dix minutes à l'avance. Après cette sonnerie, le concierge fera une tournée générale pour s'assurer que tout le monde s'est retiré. Cette ronde sera renouvelée pendant la nuit.

Art. 4. — Les grandes grilles ne seront ouvertes que pour les convois funèbres et les besoins du service intérieur des cimetières.

Une cloche sera installée à la petite porte, de manière à être mise en branle pour l'ouverture et la fermeture de ladite porte,

Art 5. — La fixation des heures de convois devra, autant que possible, être combinée de manière à permettre l'arrivée au cimetière trente minutes avant l'heure de la fermeture des portes.

Art. 6. — Défense est faite de circuler en dehors des allées et sentiers, d'escalader les grilles qui entourent les monuments funèbres, de monter sur les arbres et les tombeaux et de s'asseoir sur le gazon. Il est également défendu de pousser des cris ou de troubler d'une manière quelconque le recueillement des visiteurs, d'enlever ou de déplacer les objets déposés sur les sépultures ; de couper, d'arracher ou détériorer les arbres, arbustes et fleurs ; de fumer dans les cimetières ; d'y déposer des ordures et de commettre tout acte de nature à porter atteinte au respect dû à ces champs de repos, sous peine d'être expulsé par le gardien, sans préjudice des poursuites de droit.

Art. 7. — L'entrée des cimetières est interdite aux gens ivres, aux marchands ambulants, aux enfants non accompagnés, à ceux qui seraient suivis par des chiens ou autres animaux, enfin à toute personne qui ne serait pas vêtue décemment;

Art. 8. — L'administration n'acceptant pas la responsabilité des vols qui pourraient se produire au préjudice des familles, celles-ci devront éviter de ne rien déposer sur les tombes qui puisse tenter la cupidité.

Art. 9. — Tous chariots, paniers, brouettes, etc..., seront visités à l'entrée et à la sortie. Toute personne convaincue d'emporter, sans autorisation régulière, un objet provenant d'une sépulture, sera mise, immédiatement à la disposition de l'autorité compétente.

Art. 10. — Nul ne pourra faire, dans l'intérieur des cimetières, aux visiteurs ou aux personnes qui suivent les convois, aucune offre de services ou remise de cartes. Il est, de même, interdit à tous agents municipaux de faire aucune propagande en faveur de tiers pour la construction des monuments funèbres ou la vente d'objets d'ornementation.

Le gardien du cimetière ne pourra louer ni vendre les objets d'ornementation ou autres objets d'aucune sorte, ni pour son compte, ni pour le compte d'un tiers.

Art. 11. — Aucun objet destiné à être placé sur les sépultures ne devra être introduit dans le cimetière avant d'avoir été présenté à l'employé de service chargé d'en vérifier la nature et de donner les dimensions du terrain.

Art. 12. — Tous monuments, mausolées, croix, grilles, barrières et signes funéraires quelconques ne pourront être placés, déplacés ou transportés hors des cimetières sans une autorisation des familles et de l'administration.

Art. 13. — Les nom, prénoms, profession, âge, date de décès pourront être inscrits sur tous objets commémoratifs sans autorisation préalable ; toute autre inscription doit faire l'objet d'une demande spéciale adressée au maire.

Art. 14. — Les cyprès, tuyas, ifs et autres arbres ne pourront être plantés autour des fosses ou concessions sans une autorisation spéciale et, de plus, l'administration se réserve toujours le droit de les faire émonder et même arracher sans indemnité et sans avoir à justifier de la mesure qu'elle croira devoir prendre.

Art. 15. — La circulation des voitures, charrettes et autres véhicules est interdite dans les cimetières. En cas de nécessité absolue dont l'administration sera seule juge, des autorisations spéciales pourront être accordées par le maire.

Art. 16. — Nul ne pourra entretenir des sépultures, ni faire aucun travail à l'intérieur des cimetières s'il ne justifie qu'il appartient à la famille du décédé ou qu'il est autorisé par elle.

Art. 17. — Tout travail réputé salarié, autre que celui ressortissant du service obligatoire des inhumations et les menus soins donnés à l'entretien des fleurs sur les tombes par les familles elles-mêmes, est interdit dans les cimetières les dimanches et jours fériés.

TITRE II.

Fosses communes et concessions.

Art. 18. — Les fosses ordinaires auront 2 mètres de profondeur, 2 mètres de longueur et 0 m. 80 de largeur.

Les dimensions de celles des enfants au-dessous de douze ans pourront être réduites sans néanmoins que la profondeur puisse être inférieure à 1 m. 50.

Art. 19. — La longueur de chaque concession de terrain pour sépulture particulière pourra non plus excéder 2 mètres, sauf ce qui est dit à l'art. 36. La largeur de chaque tombe sera dé 1 mètre.

Art. 20. — Les fosses seront creusées à 1 m. 20 d'axe en axe dans la partie ancienne du cimetière et à 1 m. 40 dans la partie nouvelle, de manière à laisser entre elles un espace de 0 m. 40 de large.

Les terres y seront jetées par couches et bien foulées ; la première couche devra être formée avec de la terre fine. Au cas où il serait placé deux ou plusieurs cercueils l'un sur l'autre, il ne devra jamais y avoir moins de 1 m. 30 de terre au-dessus du dernier placé.

Il sera réservé, en tête de chaque rangée de fosses, des chemins ayant alternativement 1 mètre et 1 m. 30 de large.

Art. 21. — La reprise des tranchées ne se fera qu'après l'expiration de la 5e année, à compter du jour de la dernière inhumation.

Art. 22. — Lors du renouvellement des fosses, les ossements non réclamés par les familles seront déposés dans l'ossuaire ; les débris de cercueils seront extraits et réunis dans un même endroit pour y être brûlés.

Art. 23. — Il sera délivré, dans les cimetières qui ont une surface suffisante, des concessions temporaires, c'est-à-dire des concessions de quinze (15) ans, de trente (30) ans et des concessions perpétuelles.

Art. 24. — Le prix des concessions, dont le minimum est de deux mètres carrés (2 mq.), est fixé ainsi qu'il suit :

Concessions de 15 ans, 60 francs le mètre carré ;

Concessions de 30 ans, 100 francs le mètre carré ;

Concessions perpétuelles, 200 francs le mètre carré.

Pour les concessions destinées à la construction de caveaux, le minimum concédé sera de 2 mq. 40, soit 2 mètres de longueur sur 1 m. 20 de largeur, dans la partie ancienne du cimetière, et de 2 mq. 80 dans la nouvelle partie du cimetière, soit 2 mètres de longueur sur 1 m. 40 de largeur.

L'emplacement sera toujours soumis, au préalable, à l'approbation municipale.

Art. 25. — Les 2/3 (deux tiers) du capital versé pour les concessions appartiendront à la commune. L'autre tiers sera attribué, par moitié, au bureau de bienfaisance et aux hospices de la ville.

Art. 26. — Lors de chaque inhumation nouvelle dans une concession trentenaire ou perpétuelle, il sera payé un droit de dix (10) francs pour les concessions trentenaires et de vingt (20) francs pour les concessions perpétuelles.

Ce produit sera réparti et employé comme il est dit article 25.

Art. 27. — La date et la durée de la concession seront inscrites sur chaque tombe.

Art. 28. — Il ne peut être inhumé que deux corps dans les concessions de 15 ans, la seconde inhumation devant avoir lieu avant le commencement des cinq (5) dernières années de la concession. Ces concessions ne sont jamais renouvelables, mais elles peuvent être converties en concessions trentenaires ou perpétuelles, en payant le tarif intégral de l'une ou de l'autre de ces concessions, défalcation faite toutefois d'une somme égale à la valeur que représentent les concessions primitives à raison du temps restant à courir jusqu'à leur expiration.

Art. 29. — Les concessions de trente (30) ans sont indéfiniment renouvelables et peuvent même être rendues perpétuelles dans les cinq (5) premières années de leur délivrance, moyennant le versement de la soulte nécessaire.

Si la famille refusait de renouveler la concession à la fin de la trentième (30e) année, le terrain concédé ferait retour à la commune.

Il ne serait cependant repris par elle

que deux (2) années révolues après l'expiration des trente ans.

En cas de renouvellement, ces deux années seront comptées dans la nouvelle concession.

Art. 30. — Des caveaux peuvent être établis dans les concessions temporaires comme dans les concessions perpétuelles et servir à la sépulture du concessionnaire et à celle de ses héritiers, quel que soit le degré de parenté, à moins que le concessionnaire ait disposé de sa concession par acte testamentaire. A défaut de disposition testamentaire, la concession appartient aux héritiers dans la proportion de leur part héréditaire ; par suite, chaque co-héritier a le droit d'y faire inhumer tous les siens, mais une personne étrangère ne peut être inhumée que du consentement de tous les propriétaires.

Aucune inhumation ne pourra y être faite dans les cinq (5) dernières années de leur durée.

Art. 31. — Les concessions temporaires ou perpétuelles ne constituent pas des actes de vente et n'emportent pas un droit réel de propriété, mais un simple droit de jouissance et d'usage avec affectation spéciale et nominative. Les terrains concédés ne peuvent, en conséquence, être l'objet d'une vente ou de transactions particulières. Elles ne sont transmissibles que par voie de succession et de partage.

Art. 32. — Les concessions perpétuelles sont soumises aux mêmes règlements de police que les concessions trentenaires, sauf en ce qui concerne les mesures particulières nécessitées par la durée limitée de celles-ci.

Article. 33. — Toute demande de concession devra être adressée au maire. Ce magistrat, sur le vu des quittances du Receveur municipal, remettra au demandeur le double du contrat intervenu entre le concessionnaire et la commune. Mention immédiate en sera faite sur le registre des concessions.

Art. 34. — Il pourra être établi des caveaux, monuments ou chapelles sur les concessions.

Art. 35. — Les projets de ces caveaux et monuments devront être soumis à l'approbation de M. le Maire.

La surface occupée par les murs des caveaux ou monuments devra être prise sur le terrain concédé, soit :

Pour une tombe : 2 mètres de longueur sur 1 m. 20 de largeur (partie ancienne du cimetière) ;

Pour une tombe : 2 mètres de longueur sur 1 m. 40 de largeur (partie nouvelle du cimetière) ;

Pour deux tombes : 2 mètres de longueur sur 2 mètres de largeur.

Les dalles de fermeture ne pourront dépasser le niveau du sol.

Art. 36. — Les concessions figurant dans les archives de la mairie antérieurement à 1862, comme concédées temporairement ou perpétuellement, seront considérées comme valables.

Art. 37. — Les deux caveaux renfermant les sépultures perpétuelles des militaires morts pour la France pendant la guerre 1914-1918 sont entretenus par les soins de la municipalité. (Délibérations du Conseil municipal en date des 23 septembre 1914 et 7 février 1921.)

Art. 38. — En cas de translation, d'agrandissement ou de changement de disposition des cimetières, par suite d'insuffisance de terrain constatée par délibération du Conseil municipal, les concessionnaires ont droit d'obtenir, en échange des tombes concédées, un terrain égal en superficie à celui qui avait été concédé et la translation des restes mortels des personnes qui y avaient été inhumées sera faite aux frais de la commune.

Les frais de démolition, de transport et de réédification des monuments seront à la charge des familles concessionnaires.

Il sera donné avis de ces translations dans les formes et délais prescrits par la loi.

TITRE III.

Inhumations.

Art. 39. — Il sera fait remise au gardien du permis d'inhumer délivré par le maire. Un registre, tenu par le gardien, relatera l'ordre des entrées, le lieu d'inhumation et, au besoin, les exhumations et sorties de corps, ainsi que la date de reprise des tranchées.

On trouvera encore dans les bureaux un livre des réquisitions judiciaires et de police, un livre avec répertoire des proces-verbaux d'exhumation et un répertoire alphabétique des concessions.

Art. 40. — Les cercueils devront être en bois ne dépassant pas 0 m. 018 d'épaisseur. Les cercueils en plomb, zinc ou autres matières capables d'isoler les corps, ne seront admis que dans les concessions perpétuelles, exception faite pour les cercueils venant de l'extérieur.

Les cercueils déposés dans les caveaux ou admis à séjourner dans le caveau provisoire d'attente devront être en métal, bien soudés et revêtus de chêne ou de châtaignier.

Art. 41. — Les cercueils devront être vissés ou cloués à la maison mortuaire, afin que nul ne soit tenté de les faire ouvrir au cimetière pour dire un adieu que l'état du défunt ne peut plus permettre.

Art. 42. — En cas de transport de corps hors de la commune, le maire prescrira, conformément à la circulaire du 8 août 1859, les mesures nécessaires de salubrité et déléguera le commissaire de police pour surveiller la mise en bière et dresser procès-verbal de l'opération, lequel sera transmis, avec l'acte de décès, aux frais des intéressés, au maire de la commune désignée.

Art. 43. — L'inhumation ou l'enlèvement des corps ne pourra avoir lieu que vingt-quatre (24) heures après le décès, sauf le cas d'urgence.

Art. 44. — L'inhumation des corps venant du dehors ne sera autorisée que sur la production des pièces énumérées ci-dessus et sur le vu d'un certificat du commissaire de police constatant le bon état du cercueil et des sceaux apposés au départ.

Le certificat ne sera pas exigé si le corps vient d'une commune limitrophe.

TITRE IV,

Exhumations.

Art. 45. — Aucune exhumation, sauf celles ordonnées par l'autorité judiciaire, ne peut avoir lieu sans l'autorisation du maire qui en fixera le jour et l'heure et indiquera toutes mesures d'ordre et d'hygiène à prendre. Les désinfectants ordonnés seront à la charge des familles.

Art. 46. — La fosse ou le caveau d'où un corps a été exhumé, ainsi que la fosse ou le caveau dans lequel ce corps a été déposé, devront être fermés après l'opération.

Art. 47. — Les exhumations de corps devront se faire, autant que possible, le matin de très bonne heure.

Art. 48. — Toute reprise de corps ou d'ossements sera considérée comme exhumation.

Art. 49. — Les ossements provenant de sépulture et reprise pourront être, sur autorisation, placés dans l'ossuaire dans un cercueil ordinaire. La municipalité sera toujours juge de l'opportunité de rendre à la terre tous les ossements dans une fosse commune.

Art. 50. — L'exhumation doit se faire en présence d'un parent ou, tout au moins, d'un ami de la famille.

a) — Si le corps est destiné à être réinhumé dans le même cimetière, la réinhumation devra se faire immédiatement.

b) — Si le corps est destiné à être transporté dans une autre commune, le cercueil exhumé sera mis dans une nouvelle bière, en prenant pour cette opération les mesures prévues à l'article 3 du décret du 15 avril 1919, s'il s'agit d'un transport de corps à moins de 200 kilomètres, et celles qui sont prévues par l'article 4 du même décret, s'il s'agit d'un transport à une distance supérieure.

c) — Si le cercueil a disparu sous l'influence du temps et si les restes du corps exhumé sont réduits à des ossements, ceux-ci seront recueillis et mis dans une bière ordinaire réduite, s'il s'agit d'une réinhumation immédiate dans le même cimetière.

Si les ossements du corps exhumé sont destinés à être transportés hors de la commune, les mesures prévues au paragraphe « *b* » ci-dessus devront être prises.

Le commissaire de police assistera à l'exhumation et veillera à ce que tout s'accomplisse avec décence et avec toutes les précautions réclamées par la salubrité publique.

Dans le cas du paragraphe (*a*) il assistera à la réinhumation ;

Dans le cas du paragraphe (*b*) il apposera les scellés sur le cercueil et l'accompagnera jusqu'à la limite de la commune ou jusqu'à la gare, selon le cas.

Il remplira les mêmes formalités dans les cas similaires du paragraphe (c).

Art. 51. — Il sera alloué au commissaire de police (décret du 30 août 1918) :

1° Assistance à la mise en bière, quand il y a lieu à transport hors de la localité : une vacation.

2° Assistance à l'exhumation d'un corps : une vacation.

3° Assistance à l'inhumation d'un corps venant de l'extérieur : une vacation.

4° Assistance à la mise en bière d'un corps destiné à être mis dans un caveau provisoire d'un cimetière de la localité : une vacation.

5° Assistance à l'inhumation d'un corps dans un caveau provisoire : une vacation.

6° Assistance au départ d'un corps à transporter hors de la localité, lorsque ce départ n'a pas lieu immédiatement après la mise en bière : une vacation.

7° Assistance à l'exhumation et à la réinhumation immédiate d'un corps dans le même cimetière : une vacation et demie.

8° Assistance à l'exhumation d'un corps, à sa translation et à sa réinhumation dans un autre cimetière de la commune : deux vacations.

9° Accompagnement de la limite de la commune au cimetière d'un corps venant de l'extérieur : une demi-vacation.

10° Accompagnement d'un corps de la maison mortuaire ou du cimetière à la limite de la commune : une demi-vacation.

11° Assistance à l'exhumation et à la réinhumation dans le cimetière de plusieurs corps d'un même caveau : une vacation pour le premier et une demi-vacation pour chacun des autres.

12° Assistance à l'exhumation, à la translation et à la réinhumation dans un autre cimetière de la commune de plusieurs corps d'un même caveau : deux vacations pour le premier et une demi-vacation pour chacun des autres.

Ni la mise en bière, ni l'inhumation ne donnent droit à vacation quand il n'y a pas lieu à transport, hors le cas où le corps sera placé dans un caveau provisoire.

Le taux de la vacation est fixé à huit (8) francs. (Arrêté municipal du 1er octobre 1919, approuvé le 13 octobre de la même année.)

Art. 52. — Toutes les opérations ci-dessus devront être faites sans interruption de travail.

Art. 53. — En cas d'exhumation, toutes les mesures de salubrité prescrites par la circulaire du 8 août 1859 devront être rigoureusement appliquées.

Art. 54. — Une redevance de 0 fr. 50 (cinquante centimes) par jour sera perçue à partir du neuvième (9e) pour tout cercueil admis provisoirement au dépositoire. (Délibération du 13 avril 1913.)

Il est perçu, en outre, une redevance de cinq (5) francs par boîte d'ossements déposée au reliquaire.

TITRE VI.
Travaux.

Art. 55. — Aucun travail de construction ne pourra être exécuté avant que le plan n'ait été approuvé par le maire.

Art. 56. — Aucune pierre ne pourra être sciée ni taillée dans les cimetières ; les matériaux de construction devront être apportés à pied-d'œuvre absolument terminés. — Les travaux de pose et de ravalement seront seuls autorisés.

Art. 57. — Il est interdit d'encombrer les allées du cimetière, d'y gêner la circulation et d'y faire aucun dépôt de mortier, ciment, matériaux, etc...

Art. 58. — Les caveaux seront bâtis sur massif de béton de 0^m30 d'épaisseur au minimum ; les murs auront au minimum 0^m35 d'épaisseur en mortier de chaux hydraulique où $0^m 11$ en ciment armé. La porte ou tampon du caveau sera en pierre dure ou en ciment armé, ainsi que le seuil, les linteaux et les pieds droits, lesquels auront une feuillure pour la recevoir.

Art. 59. — Tous les travaux seront exécutés sous la surveillance des agents municipaux, mais sous la responsabilité des concessionnaires.

TITRE VII.
Monuments et objets abandonnés.

Art. 60. — Les matériaux de construction et objets divers provenant des tombes à l'expiration des concessions temporaires ou des fosses communes lors du renouvellement quinquennal des tranchées seront, au fur et à mesure des besoins du service, transportés dans un lieu spécialement désigné dans l'intérieur du cimetière.

Les familles seront mises, au préalable, en demeure, par tous les moyens ordinaires de publicité, d'enlever dans un délai fixé les constructions existantes ou objets divers sur les terrains dont la concession est expirée.

La commune ne pourra en prendre possession qu'après un avis itératif et une année révolue à compter du jour du premier avertissement.

Art. 61. — Les familles auront la faculté de retenir les objets du lieu où ils auront été déposés, moyennant un droit de deux (2) francs qui sera versé annuellement au bureau de bienfaisance.

Art. 62. — Les objets et monuments non réclamés seront détruits ou employés à l'embellissement du cimetière.

TITRE VIII.

Dispositions diverses.

Art. 63. — Il sera payé au fossoyeur, pour chaque ouverture de fosse, une somme de cinq (5) francs. Il ne sera rien payé par les indigents.

Chaque exhumation sera payée douze (12) francs au fossoyeur. Il ne pourra rien exiger au-delà de cette somme, même si la réinhumation a lieu dans le cimetière. Le salaire des aides dont il pourrait avoir besoin est à sa charge. S'il y a lieu de creuser à nouveau la fosse, il sera dû au fossoyeur un supplément de cinq (5) francs.

La mise dans une bière séparée d'ossements enlevés lors d'une reprise de fosse ou lors d'une nouvelle inhumation dans une concession lui sera payée deux (2) francs.

Art. 64. — Le gardien du cimetière devra, après chaque inhumation ou exhumation, établir une note de ce qui lui sera dû pour son salaire, pour les désinfectants dont il aura pu avoir besoin, etc... Il lui est expressément défendu de ne rien percevoir avant que la note ait été visée à la mairie.

Art. 65. — Il est défendu de creuser aucun puits ni d'élever aucune bâtisse sans autorisation à moins de cent (100) mètres du périmètre du cimetière.

TITRE IX.

Dispositions subsidiaires.

Art. 66. — Tous les arrêtés pris jusqu'à ce jour sur le service des cimetières sont et demeurent abrogés dans leurs dispositions qui pourraient être en opposition avec le présent.

Art. 67. — Toute contravention aux dispositions qui précèdent sera constatée dans la forme de droit. Les père, mère, tuteurs ou patrons encourent la responsabilité prévue par l'art. 1384 du code civil.

Art. 68. — MM. le secrétaire de la mairie, l'architecte de la ville, le commissaire de police, les gardiens des cimetières sont chargés, chacun en ce qui le concerne, d'assurer l'exécution du présent arrêté qui sera publié et affiché, après avoir été soumis à l'approbation de M. le Préfet du Morbihan.

Auray, le 23 décembre 1922.

Le Maire,

L. HUETTE.

Vu et approuvé :

Vannes, le 11 janvier 1923.

Pour le Préfet :

Le Conseiller de Préfecture délégué,

Signé : Illisible.